AF242334

DE LA DÉFENSE

ET

DE LA PRISE DE PARIS,

EN 1814.

A PARIS,

Chez DELAUNAY, Libraire, Palais-Royal, galerie
de bois, n°. 243.

1815.

DE LA DÉFENSE

ET

DE LA PRISE DE PARIS,

EN 1814.

Il y avait, dans les faubourgs de Paris, soixante mille hommes, au moins, en état de porter les armes : pourquoi n'ont-ils pas été armés?

On nous a répété jusqu'à satiété pendant trois mois que, si on armait les ouvriers des faubourgs, on exposerait Paris à être pillé. « *Ce sont les Cosaques du faubourg Saint-Antoine, disait-on, qui sont le plus à craindre;* et à chaque instant on avait soin de répandre, dans les salons, la nouvelle d'une conspiration découverte au faubourg Saint-Antoine, pour piller Paris. Toutes ces conspirations, fabriquées au faubourg Saint-Germain, n'existaient que dans la tête des habitans de ce quartier, presqu'entièrement habité par l'ancienne noblesse : c'est de là que tous les bruits alarmans se répandaient dans la capitale ; les autres quartiers n'en étaient que les échos. Mais plusieurs bourgeois de Paris , effrayés de ces bruits, faisaient des vœux sincères pour voir arriver les Russes à Paris, afin d'être délivrés *des Cosaques du faubourg Saint-Antoine.*

Les habitans des faubourgs étaient bien loin, par leur attitude toute pacifique, d'inspirer de pareilles craintes ; mais les bourgeois de la rue Saint-Denis et de la rue Saint - Honoré se souvenaient d'avoir vu dans la révolution les habitans des faubourgs attaquer le château des Tuileries, et la plupart des bourgeois de Paris ne savent pas encore aujourd'hui que les habitans du faubourg Saint-Antoine seraient restés tranquilles chez eux, même au fort de la révolution, s'ils n'avaient pas été dirigés alors dans tous leurs mouvemens par des hommes qui n'étaient ni du faubourg Saint-Antoine, ni de la rue Saint-Denis, ni de la rue Saint-Honoré, mais qui arrivaient de tous les points de la France pour faire la révolution à Paris. Ceux qui fabriquaient, l'année passée, les conspirations du faubourg Saint-Antoine et organisaient le pillage imaginaire de Paris, se gardaient bien, sans doute, de rappeler aux Parisiens qu'à la journée du 20 juin où les habitans des faubourgs entrèrent de force dans le château des Tuileries, en parcoururent les appartemens et les occupèrent pendant toute la journée, il ne s'est pas trouvé, dans vingt-cinq ou trente mille individus, qui formaient cette expédition révolutionnaire, un seul homme qui ait volé ou détourné quelque chose dans le château, et que le roi qui fit venir un juge de paix pour vérifier l'état des lieux, put bien constater avec lui quelques légers dégâts, *mais pas un seul vol.*

Qu'on se garde donc bien de prodiguer aujourd'hui des injures gratuites à d'honnêtes artisans, dont quelques hommes de parti ont pu quelquefois se servir, mais qui sont incapables de se porter d'eux-mêmes à des excès criminels. La lâcheté de quelques individus, qui se qualifient d'honnêtes gens parce qu'ils appartiennent aux classes supérieures de la société, peut avoir recours quelquefois à l'énergie des classes inférieures pour accomplir des desseins ambitieux dont ils veulent recueillir le fruit sans s'exposer ; mais l'énergie que les classes inférieures déploient dans l'exécution de pareils projets ne prouve pas que ces classes soient plus corrompues, elle prouve seulement qu'elles ont plus de courage que les individus des classes supérieures qui les dirigent. Il se forme aujourd'hui une nouvelle aristocratie, composée des hommes qui possèdent les lumières et les richesses : celle-ci vaut mieux à beaucoup d'égards que l'ancienne ; mais j'en connais une autre qui vaudrait encore mieux qu'elle, ce serait celle formée par les honnêtes gens de toutes les classes.

La révolution française, qui a détruit les abus et les priviléges, n'a pas été faite pour telle ou telle classe de la société, elle serait en contradiction avec elle-même : elle a été faite pour le peuple, et elle doit être maintenue pour le peuple.

Cette proposition peut déplaire à bien des gens qui ne veulent pas être confondus avec le peuple ou la canaille. Si bien des gens savaient pourtant qui on appelle *la canaille* dans les salons du faubourg Saint-Germain, ils seraient bien étonnés de se trouver compris eux-mêmes sous cette dénomination, et ils ne se rendraient pas si légèrement les échos de ces êtres frivoles, qui donnent le nom *de canaille* à toutes les classes utiles de la société, et qui ne reconnaissent pour *des gens comme il faut* que des individus à charge ou inutiles à leurs semblables.

Combien d'honnêtes bourgeois de la rue Saint-Denis et de la rue Saint-Honoré appellent sans façon les ouvriers *de la canaille,* et ignorent qu'ils reçoivent eux-mêmes ce titre rue de Condé et rue de Bourbon !

Les banquiers de la chaussée d'Antin, les gros commerçans, les notaires et les avoués de Paris ne daignent pas considérer comme existant tout homme qui n'a pas au moins dix mille livres de rente ; mais que sont-ils eux-mêmes au faubourg Saint-Germain, où l'argent ne suffit pas pour être *un homme comme il faut,* s'il n'est accompagné de parchemins ?

Nous sommes dans le siècle des lumières ; eh bien ! consultez les hommes de lettres, cette classe qui dirige l'opinion publique à Paris; ils vous diront, je n'en doute pas, les plus belles choses du monde sur l'humanité, sur les idées libérales appliquées à tous les hommes indistinctement; mais ne les prenez point au mot; ils ne s'occupent de tout cela qu'en théorie; l'homme et l'auteur ne se confondent jamais chez eux. Dès que l'un parle, l'autre se tait. Ces philantropes si zélés seraient bien fâchés d'être confondus avec le peuple ou la *canaille*. Que sont d'ailleurs les autres hommes à leurs yeux? Hors le cercle étroit des gens à qui ils supposent de l'esprit, ils ne daignent reconnaître personne pour leur semblable. Ils ont horreur du sang; mais l'horreur du sang dans les individus des classes élevées de la société est presque toujours en raison inverse de l'humanité, c'est-à-dire, de l'amour de ses semblables, et en raison directe de l'égoïsme et de l'intérêt personnel.

De ce que les gens comme il faut donnent le nom de *cannibales* aux ouvriers du faubourg Saint-Antoine, qui ont pris part aux excès de la révolution, il ne s'ensuit pas que

les gens comme il faut soient très-humains,
et que les gens du peuple soient dépourvus de
tout sentiment honnête; il est de fait, au
contraire, que le peuple, étant mu par un
sentiment très-vif du juste et de l'injuste,
s'enflamme au seul nom de la justice, et ne
craint pas d'exposer, pour la conquérir, une
existence qui ne lui est souvent que pénible;
tandis que toutes les raisons de justice uni-
verselle et de félicité publique ne détermi-
neraient point tel philosophe moderne ou
tel financier à compromettre un seul instant
une existence qui lui paraît bien plus pré-
cieuse à conserver que celle de tous les autres ensemble. Ainsi, quand la patrie est
menacée, ce n'est point tant sur l'homme
riche et sur l'homme éclairé qu'il faut comp-
ter pour la défendre, que sur l'homme du
peuple. Eh ! n'est-ce point le peuple qui a
cimenté depuis vingt ans la révolution avec
son sang ! Il est bon de rappeler à la nouvelle
aristocratie, s'il s'en forme une, ce qu'elle
doit au peuple. Si nous n'avions eu que les
hommes qui sont arrivés au premier rang,
par le renversement de l'ancien ordre de
choses, pour faire et pour maintenir la révo-

lution, peut-être serions-nous rentrés sous le joug de l'ancienne noblesse, ou serions-nous tombés sous celui de l'étranger, qui voulait nous envahir en 93 comme en 1814, sous prétexte de rétablir cette même noblesse en France. Les grands personnages, qui croient avoir fait seuls la révolution, veulent-ils la maintenir ? Qu'ils respectent le peuple et qu'ils l'appellent à leur secours ; car, sans lui, ils rentreront bientôt dans le néant. Tant que la noblesse féodale a été couverte de fer elle n'a pas eu besoin du peuple pour la défendre ; mais aujourd'hui que les hommes de lettres et les financiers ne savent manier qu'une plume ou de l'argent, il ne faut point qu'ils méprisent le peuple, qui est obligé de manier le fer pour eux.

Si, au lieu de ne placer dans les communes rurales, en qualité de maires, que les anciens seigneurs de village, lesquels ont arrêté la levée en masse des paysans lors de l'invasion de l'ennemi, le gouvernement eût choisi de riches cultivateurs, presque tous acquéreurs de biens nationaux, lesquels étaient intéressés à la conservation de la chose, il n'eût pas eu besoin de prendre des mesures quinze jours avant sa chute pour organiser la levée en masse , et pour faire fusiller tous les maires qui s'y opposeraient ouvertement ou secrètement. Si , au lieu d'accorder, entraîné toujours par son inconcevable manie pour l'ancienne noblesse , tant de déférence à tous les caquets du faubourg Saint-Germain , le gouvernement eût armé réellement le faubourg Saint-Antoine, il n'aurait pas eu besoin d'avoir recours à de vaines déclamations dans les journaux pour balancer l'influence des salons, parce qu'avec vingt-cinq hommes armés on peut contenir des légions de libellistes et tous les salons de la capitale , tandis qu'avec ving-cinq mille hommes on n'aurait pas contenu les faubourgs de Paris, s'ils avaient eu envie de le piller.

On n'a jamais vu un militaire français quitter son poste pour aller piller : or, la plupart des habitans des faubourgs de Paris étaient d'anciens militaires ; ils n'avaient point oublié leur gloire passée ; ils se ressouvenaient d'avoir vaincu autrefois les Russes , les Autrichiens et les Prussiens, et ils ne craignaient point d'en venir encore une fois aux mains avec eux pour les repousser de leurs foyers. Le sentiment de l'honneur est inné chez les Français, il existe dans toutes les classes, aussi-bien chez l'artisan que chez l'homme riche, et c'est ce qui a fait qu'il est sorti de toutes les classes du peuple, tant de guerriers illustres depuis la révolution. L'esprit de cour avait abâtardi la noblesse, les descendans des anciens preux n'étaient plus que de vils courtisans et des freluquets, incapables d'aucun sentiment patriotique ni d'aucun élan généreux ; il fallait que la révolution française mît la nation à même de se régénérer et de se renouveler, pour ainsi dire, dans son propre sein ; dès que les individus de toutes les classes furent appelés sans distinction de naissance, et par leur mérite seul, à remplir tous les grades militaires, nous eûmes la première armée de l'Europe ; tous les soldats furent volontaires, et les citoyens, unis par un intérêt commun, volèrent de leur propre mouvement à la défense commune.

Le jour de l'attaque de Paris, tous les ouvriers ont démandé des armes; on leur a distribué des piques. Les fusils de munition étaient entre les mains des bourgeois qui ne savaient point les manier, parce que le plus grand nombre d'entr'eux, s'étant racheté autrefois de la conscription, n'avait point servi; tandis que les ouvriers, qui étaient la plupart d'anciens militaires, pleuraient de rage de n'avoir pour arme qu'un morceau de bois entre les mains, et de ne pouvoir payer encore une fois de leur personne pour le salut de la patrie.

Je me suis trouvé sur la place de l'Odéon, au moment du rassemblement de la légion de ce quartier; les ouvriers du faubourg Saint-Jacques s'y rendirent en foule : je leur demandai si on leur avait donné l'ordre de venir; ils me répondirent qu'ils n'étaient point de la garde nationale, mais qu'ils avaient entendu le tambour, et qu'ils croyaient que c'était pour avertir tout le monde de se tenir prêt à marcher à l'ennemi, puisqu'il était sous les murs de Paris; ils me firent remarquer, ce qui n'était point difficile à apercevoir pour tout homme qui avait fait l'exercice, qu'à la manière dont les bourgeois tenaient leurs fusils de munition, ils ne pourraient point s'en servir. Je fus obligé de con-

venir avec eux de la vérité de cette remar-
que, en général ; et j'eus la douleur de voir,
au moment de l'attaque de Paris, distri-
buer à de vieux soldats des piques inutiles,
qu'ils étaient honteux de porter, et de voir
armés de fusils de munition des bourgeois,
dont on aurait pu utiliser le zèle autrement,
car il n'y avait point défaut de zèle, mais
seulement défaut d'expérience de leur part.
J'ai vu dégrader un caporal de la garde nationale par ses camarades, au milieu même
de la place de l'Odéon, parce qu'il avait dit
*qu'il ne voulait point sortir hors de la bar-
rière.*

On aurait dû engager les bourgeois de
Paris à prendre, chacun l'arme qui lui aurait
convenu le mieux, un fusil de chasse ou
toute autre arme dont il aurait pu se servir ;
les bourgeois, ainsi armés, auraient été em-
ployés à maintenir la tranquillité intérieure.
Quant aux ouvriers, on aurait dû, aussitôt
le départ de l'Empereur, les armer et les
équiper. Soixante mille ouvriers armés suf-
fisaient seuls pour arrêter cent mille Cosaques, et l'ennemi se trouvait placé entre
deux feux.

Les ouvriers manquaient d'ouvrage, le gouvernement avait fait cesser les travaux et les manufactures étaient fermées ; mais tous les chefs de manufacture cautionnaient leurs ouvriers comme d'honnêtes gens à qui on pouvait confier des armes en toute sûreté, parce qu'ils étaient incapables de s'en servir pour piller ni pour troubler la tranquillité publique. La meilleure preuve que les chefs de manufacture ne se trompaient pas en garantissant leurs ouvriers, c'est que ces malheureux sont restés six mois sans ouvrage, la plupart avec une nombreuse famille sur les bras, et que dans tout cet intervalle de temps ils n'ont pas commis le moindre excès.

La ville de Paris, qui a nourri pendant deux mois toute l'armée ennemie, était assez riche pour nourrir pendant le même espace de temps, la population de ses faubourgs, armée pour la défendre. Il fallait donner une solde à chaque ouvrier, afin de le mettre en état de pourvoir aux besoins de sa famille, il fallait l'armer et l'équiper, et jamais un Cosaque ne fût entré dans Paris : et si, d'un autre côté, les maires de villages n'eussent point arrêté la levée en masse sur toute la ligne parcourue par l'ennemi, il ne fût point sorti un allié de France; mais nous étions trahis partout, on n'a rien fait pour la défense de Paris, parce qu'on n'a rien voulu faire. La trahison de plusieurs individus qui désiraient la chute du gouvernement ou qui voulaient avoir l'air d'y avoir contribué lorsqu'elle est devenue certaine, et la pusillanimité de quelques autres, quoiqu'intéressés au maintien de la chose, ont ouvert les portes de Paris aux alliés. L'empereur Alexandre a cru un moment que ceux avec qui il avait traité, l'avaient joué, lorsqu'il a vu la belle défense des élèves de l'École Polytechnique à la butte Saint-Chaumont: on n'avait pu les mettre dans la confidence; et, quoiqu'ils ne fussent point secondés, la manière dont ils servaient l'artillerie contre les Russes, inquiétait beaucoup ces derniers qui manquaient de munitions, et qui allaient se trouver entre deux feux.

Les Parisiens, depuis vingt ans, n'avaient vu les horreurs de la guerre que dans les journaux et dans les spectacles; mais *les*

combats de théâtre n'ont rien de bien hor-
rible, et *quarante mille hommes tués ou
blessés* ne tiennent qu'une ligne d'impres-
sion sur une gazette. Des fêtes et des triom-
phes annonçaient, à Paris, les désastres des
autres peuples; on s'y réjouissait à la lueur
de l'incendie de toute l'Europe, et on s'y
entretenait tranquillement, au sein d'une
paix profonde, des ravages du monde en-
tier. Tout sert d'aliment à la curiosité dans
une grande ville; on soupirait à Paris après
des bulletins trempés dans des flots de sang
humain, comme après d'autres nouvelles,
pour avoir quelque chose de nouveau à dire
ou à entendre raconter. Ce n'est point par
intérêt public qu'on s'occupe dans les salons
des nouvelles publiques, c'est parce que
c'est un moyen de satisfaire le besoin pres-
sant qu'on a de parler. Une affaire scanda-
leuse qui a été portée devant les tribunaux
en 1813, pendant la campagne de Dresde,
a détourné entièrement l'attention des Parisiens. Certes, la scène politique était bien intéressante alors; mais les détails d'une *pro-
cédure en faux*, entre deux personnages cé-
lèbres dans les salons de Paris, étaient bien

plus piquans. Le tribunal, où se décidait le sort de ces deux illustres adversaires, fut une arène bien plus intéressante pour le public de Paris que les champs de bataille où cinq cent mille braves s'exposèrent pour le salut de la patrie.

Ce n'est qu'au moment où les Parisiens furent menacés eux-mêmes dans leur propre tranquillité, qu'ils commencèrent à faire cause commune avec l'humanité. Retirés de la longue léthargie où l'égoïsme les avait plongés, le premier cri que le sentiment de leurs propres maux leur arracha, à leur réveil, fut lui-même aussi honteux que le silence qu'ils avaient gardé sur les maux des autres pendant si long-temps! J'ai entendu, dans les salons de Paris, des hommes d'esprit à qui il ne manque que le sens commun, et des femmes sensibles à qui il ne manque que des sentimens, demander l'ennemi à grands cris, l'appeler de toutes leurs forces, le seconder de tous leurs vœux, et ne suspendre leurs viles clameurs qu'au moment de l'arrivé des premiers bulletins de l'armée. Alors ils crûrent qu'un homme qui les avait habitués aux prodiges, allait en-

core en enfanter de nouveaux pour les sau-
ver malgré eux ; et ils suspendirent un instant leurs invectives contre lui , et leurs
blasphèmes contre la patrie. Mais bientôt
les Russes se présentèrent aux portes de
Paris : rien n'était préparé pour sa défense ;
ce fut le triomphe du faubourg Saint-Germain. Paris fut pris , et l'esprit de salon y
devint l'esprit public : tandis que toute la
France était en deuil, on se réjouissait dans
la capitale. Quel serait le plus facile à pein-
dre , ou de la joie des Parisiens en voyant
arriver les Russes, ou de l'étonnement des
Russes en voyant la joie des Parisiens ?
Qu'on se figure une foule de badauds, à qui
on avait persuadé que les Russes devaient
incendier Paris , comme on leur avait persuadé , dans le temps, que nous avions in-
cendié Moscou, faire éclater de mille ma-
nières leur reconnaissance et leur enthousiasme pour la magnanimité d'Alexandre ,
qui daignait ne point user de représailles à
leur égard ; et qu'on se figure , d'un autre
côté , Alexandre, qui savait fort bien que
Paris deviendrait le tombeau de l'armée
russe, s'il essayait, dans la capitale de l'Em-

pire français, ce qu'un sacrifice politique avait effectué dans celle de ses états ; qu'on se figure, dis-je, l'empereur Alexandre, recevant l'hommage et les éloges pompeux des Parisiens sur sa prétendue magnanimité !..... Rien ne pouvait balancer le ridicule d'un pareil spectacle, si ce n'est celui que nous avions en même temps sous les yeux à cette époque : je veux parler du commencement de la *restauration*, qui date de la prise de Paris. Il fallait voir le dévouement de dix ou douze individus, parcourant les rues de Paris, à la tête d'une quarantaine de polissons, payés, portant des cocardes et un drapeau blancs, en criant : *vive le roi*. Tout Paris l'a vu et peut l'attester, pas un homme, dans les premiers jours, ne répondit à ce cri ; les femmes du faubourg Saint-Germain, qui avaient donné le signal en agitant des mouchoirs blancs aux fenêtres, sur les boulevards, au moment de l'entrée des alliés, et qui avaient été ainsi, aux yeux du galant Alexandre, les interprètes de la volonté nationale, furent les seules, pendant plusieurs jours, à répondre aux cris de *vive le roi*, proférés par les dix ou douze hommes qui eurent l'audace de se mettre en avant à cette époque. Tous les autres se tinrent cachés et se turent ; il est vrai que les principaux personnages du faubourg Saint-Germain portaient la livrée de l'Empereur : ils n'avaient pas eu le temps de se faire faire un autre habit, pour se montrer en public, et cette grande révolution fut opérée par les femmes !!!......

Il suffit qu'on présente un objet , sous une face quelconque , à un peuple aussi léger que le peuple parisien , pour qu'il ne le voie sous aucune autre face. Louis XVIII faisait bien d'entretenir souvent les Parisiens d'Henri IV ; à force de leur en parler, il aurait fini par leur persuader que ce grand homme existait encore. On n'était pas même éloigné de croire à Paris que les paysans bénissaient le gouvernement paternel qui allait leur rendre *la poule au pot*. Mais les habitans de la campagne étaient loin de regretter le régime féodal , et ils avaient de justes raisons de craindre les petits – fils d'Henri IV, qui auraient fini par leur enlever tous les bienfaits de la révolution , et par les remettre sous le joug de la noblesse

et du clergé. Les phrases ont beaucoup d'em-
pire à Paris, où le besoin de parler fait qu'on
s'occupe plus des mots que des choses. Dans
les provinces, le bon sens et l'habitude de
la réflexion conduisent à voir ce qui est, et
à rejeter avec mépris ce qui n'est pas. Il n'a
pas fallu beaucoup de raisonnemens pour
faire accroire à plusieurs bourgeois de Paris
que la présence des ennemis dans la capitale était un grand bienfait pour la France ;
mais il faudrait bien des raisonnemens de
cette nature pour faire désirer l'ennemi dans
les provinces. On réfléchit autant dans les
départemens qu'on parle à Paris : aussi la
manière de voir y est-elle bien différente.
On n'y entend jamais des phrases vides de
sens, faites par des hommes de salon pour
amuser des hommes de salon ; on n'y sacrifie
jamais au besoin d'entretenir une conversa-
tion sur les choses publiques, la chose publique elle-même. Les mesures, les lois et
les constitutions, qui n'existent que sur le
papier, n'y causent ni joie ni alarmes ; mais
on y voit d'abord, et c'est-là l'essentiel, à
quoi tendent réellement toutes les mesures
prises et exécutées par le gouvernement.

Veut-il lever de l'argent et des hommes pour faire une guerre d'ambition, uniquement dans l'intérêt du prince et contre celui de la nation? Cette mesure est injuste; elle est rejetée par l'indignation et le mécontentement des provinces. Mais le gouvernement appelle-t-il les citoyens à lui fournir tous les moyens de défense possible pour repousser une aggression étrangère? Cette mesure de salut public est accueillie dans les provinces avec l'enthousiasme et l'élan patriotique qui ont enfanté des armées en 89, et qui en enfanteront encore en 1815. On sent partout en France avec force cette vérité : que si on y laisse pénétrer l'ennemi, il y commettra les mêmes ravages qu'il a commis, l'année dernière, sur toute la ligne qu'il a parcourue jusqu'aux portes de Paris exclusivement. Les Parisiens, qui ne sont point sortis de chez eux, ont pu croire, sur la foi des journaux, et sur celle des habitans du faubourg Saint-Germain, à la magnanimité d'Alexandre. Mais les habitans de l'Alsace, de la Lorraine et de la Champagne sont sous les armes pour repousser aujourd'hui ces mêmes alliés, que de vils écrivains stipendiés affec taient, l'année dernière, de ne point appeler nos ennemis, et sur l'éloge desquels ils ne tarissaient point. Tous les sophismes du monde ne persuaderaient point aux habitans des provinces ravagées par l'ennemi, que les alliés étaient nos amis, et ne dévastaient la France que pour sa gloire et pour son bonheur.

La foule des objets qui se succèdent continuellement aux yeux de l'habitant de Paris, la rapidité avec laquelle il les voit, lui ôtent la faculté de s'appesantir sur chacun d'eux, et le tiennent dans cet état habituel d'irréflexion, d'insouciance et d'étonnement qui lui ont fait donner le nom de *Badaud*, sobriquet qui le distingue des autres habitans de la France, et qui, pris dans sa signification vulgaire, le caractérise parfaitement. Le Parisien voit tout, veut tout voir, s'amuse de tout, rit de tout et ne s'attache à rien : il verra l'entrée triomphante d'Alexandre à la tête des Russes, avec autant de plaisir qu'il voyait autrefois le retour victorieux de Napoléon dans sa capitale ; il applaudira à l'un comme à l'autre : pourquoi ? parce que c'est un spectacle. Cette épreuve doit bien désabuser les souverains sur l'enthousiasme de la capitale ; le silence des provinces est bien plus à consulter que les cris de Paris.

Les mesures du gouvernement qui tendent toujours à épargner et à favoriser la capitale, font-elles injure aux Parisiens, en les distinguant ainsi des Français, ou ne leur rendent-elles qu'une justice ignominieuse ? Les gardes nationales sont mobilisées partout pour la défense de la patrie, Paris seul est exempt !.....

Les Parisiens ne manquent pas, cependant, du courage et de l'ardeur militaire qui sont l'apanage de tous les Français, et qui les rendent si propres à devenir de suite de bons soldats et à improviser des armées. Il faut rendre justice aux Parisiens, sous ce rapport, le jour de l'attaque de Paris par les alliés, ils étaient disposés à se défendre, ils en avaient la ferme volonté, ils l'ont manifestée hautement ; aucune légion de la garde nationale ne s'est refusée à sortir, et plusieurs sont sorties volontairement ; nous avons vu que ces légions étaient suivies d'une foule d'ouvriers qui demandaient des armes, et qui n'en avaient pas. Les Parisiens inondaient la plaine et assiégeaient les barrières de leurs phalanges impuissantes; tout homme armé ou non armé se portait hors de Paris, et nul n'y restait pour le piller; si donc Paris n'a pas été défendu , c'est qu'on n'a pas voulu profiter de la bonne vo-lonté de ses habitans , au moment de l'atta-que , et qu'on n'avait rien préparé pour sa défense. Les munitions manquaient sur tous les points attaqués , et on les dirigeait sur ceux où elles étaient inutiles; quand on de-mandait des cartouches de fusil , on appor-tait des boulets de canon; quand on deman-dait des boulets , on apportait des cartou-ches. Il y avait des munitions en quantité ainsi que des armes dans les magasins , il y avait des hommes pour s'en servir , et les hommes , les armes et les munitions n'ont servi à rien pour la défense de Paris; nos plus grands ennemis n'étaient point dehors , ils étaient dedans. Il a fallu ôter tous les moyens de défense à des Français , pour qu'ils se laissassent prendre sans résistance.

S'il est des hommes qui ne veulent point s'armer aujourd'hui pour la défense de la patrie , il ne faut point les contraindre à s'armer pour une si belle cause. Ces hommes-là ne sont pas dangereux, ils peuvent parler dans les salons, mais on ne les trouve jamais en ligne, même dans les rangs du parti qu'ils ont embrassé : ils ont fait leurs preuves depuis long-temps, et ce n'est pas d'aujourd'hui qu'ils sont habitués à réduire toutes leurs attaques en paroles. L'armée et le peuple leur répondront par des actions.

Les ouvriers n'ont jamais pillé Paris à aucune époque de la révolution ; mais ils peuvent empêcher l'ennemi de le piller en 1815. Les ouvriers ne sont point de la *canaille*, comme se plaisent à le répéter quelques gens soi-disant comme il faut. La *canaille* est dans les salons où quelques individus osent faire des vœux en faveur de l'ennemi (1); et non pas dans les faubourgs où

(1) Il est des personnes qui ont adopté légèrement une opinion et qui la défendent avec beaucoup de chaleur. Que ces personnes réfléchissent que la cause qu'elles soutiennent ne peut réussir qu'avec le secours de l'ennemi, et que, par conséquent, désirer le succès de cette cause, c'est désirer l'ennemi. Les opinions et les affections irréfléchies doivent céder toutes à une pareille réflexion.

toute la population s'arme pour le repousser. Les mêmes individus, qui nous ont trahis l'année passée, sont encore disposés à nous trahir cette année. Nos braves suffisent pour repousser l'étranger, s'il redevient notre ennemi; c'est à nous à surveiller et à contenir les *étrangers* de l'intérieur. Il est des hommes qui ne sont plus Français depuis vingt-cinq ans, et qui ne demanderaient pas mieux que de voir bouleverser et humilier la France; c'est à ceux qui sont restés fidèles à la patrie, de maintenir la gloire et l'indépendance nationale, s'ils ne veulent pas être traités un jour comme des traîtres et des rebelles, par les soldats de l'armée de Condé, revenant encore une fois triompher de leurs compatriotes et dévaster la terre natale avec le secours et les bons offices des *alliés.*

IMPRIMERIE DE FAIN, PLACE DE L'ODÉON.

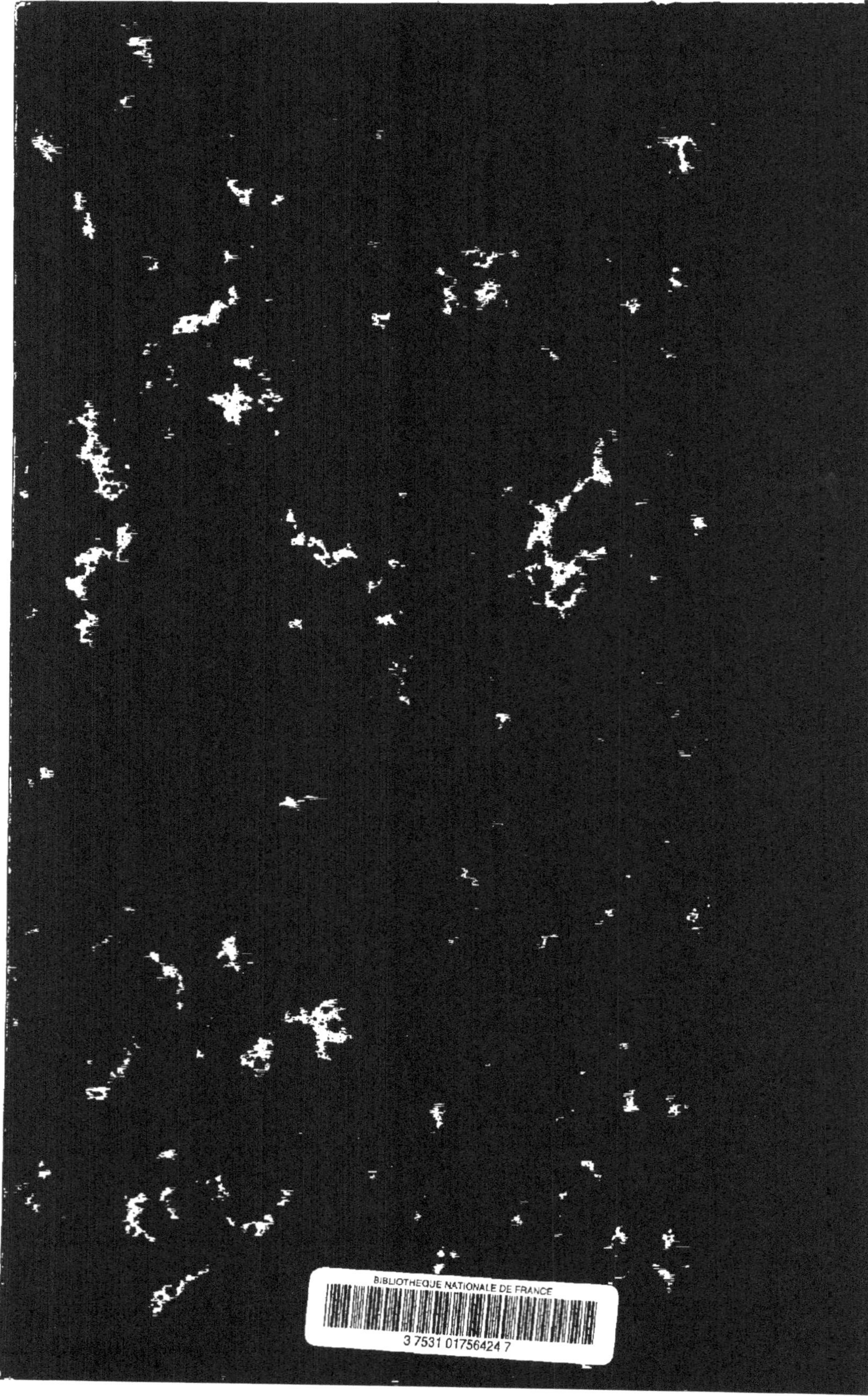